그 강변의 발자국

그 강변의 발자국

1판 1쇄 펴낸날 2022년 8월 10일

지은이 이진엽

펴낸곳 도서출판 시와시학
펴낸이 김초혜
편집 조운아 심연우 박연수

주소 서울특별시 동대문구 망우로21길 45 2층 202호
전화 02-744-0110
전자우편 sihaksa1991@naver.com

출판등록 2016년 1월 18일
등록번호 제2021-000008호

ISBN 979-11-91848-13-7 (03810)
값 10,000원

* 저자와의 협의에 의해 인지를 생략합니다.
* 잘못된 책은 바꾸어 드립니다.

이진엽 시집

그 강변의 발자국

■ 시인의 말

  나의 시는 스쳐가는 시간 속에서 잠깐 포착한 대상들과 내적 대화를 나눈 것들이다. 그 대상들이 어떤 신호를 보낼 때마다, 나도 의식의 빛을 끊임없이 점멸하며 시로써 응답하려 했다. 혼돈과 불안의 그림자가 짙게 드리운 이 시대, 그래도 굳센 의지로 숨 쉬고 있는 수많은 생生을 바라본다.

  온갖 정념이 뒤엉켜 있는 이 삶을 사유하면서 깊은 실존 의식에, 때로는 무거운 현실 인식에 사로잡히기도 한다. 이 다섯 번째 시집은 그런 생각들에서 나온 반응이다. 이 시집을 살아 있는 모든 존재들의 '숨'을 위해 바친다.

2022년 여름
이진엽

차례

005　시인의 말

제1부　물의 이데아

013　너의 절규
014　물의 경전
015　물의 이데아
016　물의 살갗
018　망각
019　고드름
020　그 강변의 발자국
022　아름다운 만남
023　이팝꽃 필 무렵
024　깊은 숲 자작나무
026　고구마, 몸을 열다
028　그리운 원시
029　솔나무와 소나무
030　겨울 아이가 되어
032　칫솔의 꿈
033　가을 문법

제2부 소리에 열리다

- 037 달빛 도둑
- 038 꿈의 허리끈
- 039 겨울 저수지에서
- 040 카인의 자식들
- 042 자유의 종
- 043 만추晩秋
- 044 소리에 열리다
- 046 금붕어 바로 보기
- 047 잠깨는 돌
- 048 재의 수요일
- 050 슬픈 시조새
- 052 존재의 집
- 053 작은 영혼의 꿈
- 054 깊은 호수를 읽다
- 056 세한도 안으로
- 057 봄, 뜨거운 울림

제3부 눈에 덮인 고백록

061　망초꽃
062　따스한 소통
063　눈에 덮인 고백록
064　시와 까치집
066　하얀 개화
068　팽이
069　태양은 눈부시게
070　초록 눈물
071　영혼의 별 하나
072　탕! 탕! 탕!
074　임의 부름
075　연필 깎기
076　인간의 조건
078　안경 1
079　안경 2
080　가장 아름다운 시
081　시와 라면

제4부 뜨거운 까치소리

- 085 춤추는 생生
- 086 편백나무 숲에서
- 087 임플란트
- 088 뜨거운 까치소리
- 090 풀잎 어머니
- 091 민초 실록
- 092 검은 눈물
- 094 나사못
- 096 곡선 탈출
- 097 야성을 위하여
- 098 신라인들과 춤추다
- 100 슬픈 목련의 계절
- 101 햇빛 속의 쟁기질
- 102 불고기 철학
- 104 고호의 신발
- 105 참을 수 없는 어둠의 가벼움

- 106 해설 | 유성호

제1부
물의 이데아

너의 절규
- 깃발

바람이 불 때마다 네 몸은 헝클어진다
시작도 끝도 없는 저 허공
너는 수없이 머리를 고요에 부딪친다
오직 몸으로만 울어야 하는 너
펄럭펄럭, 이것이 네 몸의 말이다
먼 하늘로 새가 되어 날고 싶어
너는 오늘도 숨 가쁘게 날갯짓을 하고 있다
날아라, 새여
팽팽한 줄 하나가 네 온몸을 당길지라도
아득한 창공에 피멍 든 머리를 부딪치며
생의 불꽃을 터뜨려 주어라
너, 살아 있음의 그 뜨거운 순간을
시퍼런 흔들림으로 증언해 주어라

물의 경전

부들개지 웃자란 호숫가
백로 한 마리 외롭게 서 있었다
내가 둘레길을 몇 차례 도는 동안
미동조차 하지 않은 채 서 있었다
고요와 기다림
가만히 살펴보니 먹이를 찾는 게 아니라
물의 경전을 읽는 중이었다
배고픈 자들만이 읽을 수 있는
저 물주름진 비밀의 경전
이윽고 말씀 가라앉은 수면 아래를
긴 부리로 콱, 하며 내리찍자
참붕어 한 점이 오자誤字처럼 찍혀 나왔다
순간, 수만 개의 글자들이
와르르 파문을 내며 무너지고
호수 저쪽까지 은빛 두루마리가 펼쳐졌다
세상에서 가장 아름다운
생의 숨결이 배인 경전같이 느껴졌다

물의 이데아

수직으로 떨어지는 빗방울을
호수는 둥근 파문으로 고이 받아 준다

빗줄기가 더욱 세차게 내리쳐도
호수는 크고 작은 바퀴들을 만들어
물의 살갗 위로 부드럽게 굴러가게 한다

세상의 어떤 것도 물 위에 몸을 던질 때면
둥근 팔 안에 안겨 버린다
물의 가슴에서 밤새 감기는 저 신비한 태엽들
원형은 분명 우주의 고요한 근원이다

빗방울이 호수의 눈썹을 들출 때마다
물 위에서 일렁이는 수많은 눈동자들

그 동공에 비치는 우리들의 얼굴도
온갖 열매들과 따뜻한 자궁마저도
모두가 물의 원형을 복제한 것이다

물의 살갗

아무도, 물의 살갗을 제대로 본 사람이 없다
그 살갗은 반짝반짝 빛으로 짠 결무늬
온종일 햇빛의 움직임에 따라
물은 제 겉살을 시시각각 갈아 치운다

그러므로 물의 살갗은
영원이 아니라 순간이라는 빛살로 짜여져
고정된 실체가 없다

끊임없이 빛을 반사하는 물의 외피
그 강렬한 눈부심에 눈을 비비면
클로드 모네의 수련 몇 잎이 신기루처럼 나타난다

고요 속에서도 끝없이 너울대는 몸짓
굳은 가슴이 아니라 찰랑대는 숨소리로
물은 쉼 없이 제 모습을 이루어간다

그렇다, 우리의 삶도

그것은 인생이라는 벌판에 눌어붙은
응고된 색깔이 아니라
매 순간 명멸하며 끝없이 새로워지는
일렁이는 빛깔일 뿐이다

망각

잊혀간다는 것은
그리움 하나쯤은 아스라한 곳에 남기고
사라진다는 것이다
스쳐온 지난 세월을
바람은 수없이 손가락을 놀리며
한 땀 한 땀 꿰매어 봉합해 버리지만
시간의 온몸에 새겨진 무수한 바늘자국
그 꿰매어진 좁은 틈 사이로
고향 집 뒷산의 파란 뻐꾸기 소리와
소낙비에 젖은 어머니의 치맛자락
그리운 이들의 얼굴이 보임은 어찌된 일인가
잊으려 해도
세월의 바늘자국 틈새로 빠끔히 보이는
아름다운 저 흔적들
잊혀간다는 것은, 결국
시간의 주름에 작은 틈 하나 남기고
조용히 사라진다는 것이다

고드름

물의 심장이 멈춘 것은 아니다
낙수의 가파른 그 끝자락에서
잠시 몸을 움츠렸을 뿐이다

흘러가거나 아래로 떨어지는 것
그것이 살아 있는 자들의 운명이지만
결코 가볍게 추락할 순 없다

오, 끓어오르는 피의 마그마 모두 뭉쳐
이 위태한 곳에서 맑은 돌로 굳어 있나니

어느 날 갑자기 낙석落石의 날이 올지라도
바람에 깎고 깎인 차가운 부리로
저 땅의 가슴, 깊게 찌르며 떨어지리

생의 완강한 몸짓으로
마지막 숨결까지 나, 를 증언하리

그 강변의 발자국

저물녘 금호강 둑길을 거닐며
강의 마음을 잠시 훔쳐보았네
푸르른 강의 숨결 한 조각 떼어 내어
내 가슴에 풀잎처럼 붙여 보았네
깊은 곳에서 울려오는 강의 숨소리
내 심장이 뛸 때마다 맑은 음표로 흩날렸네
노을이 짙게 물들자 금빛 물결들
서로의 살갗을 부싯돌같이 부딪치며
불꽃을 일으키며 타오르고
억세지만 순박한 분지의 사람들
그 눈물과 웃음소리도 물보라로 부서져 내렸네
어디론가 흘러가는 저녁강
흰 구름 작은 등에 달이 또 업혀가듯
우리들 젖은 수첩을 물수레에 모두 실은 채
강물은 시간 저쪽으로 떠나가고 있었네
먼 훗날 어느 때
누군가 이 둑길을 홀로 거닐지면
저 강에 깊이 잠긴 한 시대의 술잔과 고뇌를

다시 한 두레박 건져 올려 보겠지
그러고는 자박자박
화석처럼 눌어붙은 내 부서진 발자국 소리를
뜨거운 호미로 캐어 가슴에 담아 보겠지

아름다운 만남

아침, 부스스한 모습으로 일어나
향긋한 비누로 세수를 한다

아내가 깨끗이 빨아 말려 놓은
보송보송한 수건 한 장
그 위로 젖은 얼굴을 파묻을 때
나는 작은 행복감을 느낀다

숱한 희로애락이 스쳐간 얼굴을
포근히 받아 주는 하얀 손바닥
그 첫눈 쌓인 수건 위에 고개를 숙이고
인장印章처럼 나의 한 순간을 쿡, 찍는다

세상 먼지가 모두 씻긴
분칠이 벗겨진 진짜 내 모습을
나는 아침마다 깨끗한 수건에서 만난다

이팝꽃 필 무렵

햇살 총총한 곳에 이팝나무가 눈부시다

불쑥, 기억의 한 끝에서 나타난 어머니
쪽진 머릿결에 동백기름이 빛났다

얇은 새털구름 햇빛을 잠시 가리자
구수하게 뜸 들여지는 하얀 이팝꽃잎들
그 따뜻한 꽃잎 사발에 가득 담아
어머니는 소반에 올려 천천히 내게로 걸어왔다

봄빛, 찰랑대는 오후의 푸른 숲속
모자母子가 마주 앉아 말없이 웃으며
수저를 부딪치는 맑고 달콤한 소리
아삭아삭 흰 꽃잎 씹는 고운 입방아소리

봄은 그렇게
내 가슴 깊은 곳에서 흔들리고 있었다

깊은 숲 자작나무

자작나무 숲을 지날 때면
알 수 없는 어떤 힘에 이끌린다
어머니의 품에서 나온 듯한 강한 힘에
내 마음이 자석의 쇠붙이처럼 빨려든다
바람이 불 때마다 나뭇가지 끝에서
신비한 음향으로 웅얼대는 소리들
어릴 적 미사 때 듣던 라틴어 기도문 소리 같다
눈발은 풀풀 날리고
어머니, 하며 숲 저쪽을 향하여
가던 길을 멈추고 나직한 소리로 불러 본다
키가 훤칠한 당신
하얀 모시옷을 입고 두 팔을 치켜든 채
영원의 어디쯤으로 손을 뻗치고 있다
어디선가 들려오는 다듬이질 소리
쌓인 눈들은 그 소리에 곱게 주름을 펴고
새하얀 무명천으로 숲길을 뒤덮는다
그 한 자락 잠시 집어서 들자
어머니의 따슨 숨소리가 햇솜같이 만져진다

점차 드세어지는 눈보라
온몸에 쏟아지는 눈송이를 털지 않고
나는 계속 숲의 가장자리에서 서성인다
그런 후 오랫동안
겨울 숲이 깔아 놓은 하얀 양탄자를 타고
미지의 시간 속으로 한없이 날아가 본다

고구마, 몸을 열다

종이 봉지에 담긴 고구마 몇 개
구석진 응달에서 찬바람을 맞고 있었다
잠시 눈길을 그쪽으로 보내자
그들은 빗장을 풀고 모두 제 몸을 열어 주었다

그 몸 안에서 은밀히 감춰진 것들
부드러운 흙가슴으로 젖을 빨게 해 주던
대지가 내뿜는 싱그러운 숨과
세월에 부르튼 손으로 황토를 헤집어 가던
늙은 농부의 호미질 소리가 들려왔다

아니다, 그곳에선
한여름 땡볕을 막아 주던 넝쿨들의 사랑과
여기저기 먹이를 찾아 밭을 파헤친
멧돼지들의 발자국 흔적도 잿빛으로 묻어 나왔다

흙투성이 고구마에 겹겹이 숨어 있는
이 놀랍고 신비한 비밀들

제 몸이 닫혀 있을 때는
그것들은 분명 하나의 뿌리였지만
제 몸을 활짝 열어 줄 때는
그 뿌리에서 생의 울림이 가득 쏟아져 나왔다

그리운 원시

아무도 밟지 않은 벌판
하얀 눈으로 뒤덮인 그 원시의 나라로
크로마뇽인의 발자국 남기며 걸어간다
머릿속의 셈법과 문자를 모두 잊으니
태고의 음성으로 바람과 소통할 뿐이다
눈부신 은세계에 번지는 고요
움켜쥔 돌칼로 천 겹 시간을 벗겨 내자
순록 몇 마리 후다닥 뛰어나와
음각처럼 손바닥에 푸른 문양으로 박힌다
귓불에 켜켜이 쌓이는 바람소리
나도 불현듯 먼 하늘로 목을 젖히고
우우우 야생의 들개 소리로 화답한다
누구도 범하지 않은 눈길
글을 깨친 뒤 배운 검은 말들을
그 원시의 나라에서 주먹돌로 찧어 버린다

솔나무와 소나무

솔은 나무 앞에서 ㄹ을 탈락시킵니다
그래서 솔나무가 소나무로 발음되지요
하지만 푸른 솔의 본성은 변하지 않습니다
딸과 아들도 님을 만나면
각기 따님과 아드님으로 불리는 것도
같은 이치입니다
내 것 하나를 고집부리지 않고
서로의 관계 속에서 아낌없이 버려 줄 때
매끄러운 발음으로 발화가 됩니다
지금 우리 시대는
모두가 서로 팽팽한 줄만 당기고 있습니다
제발 ㄹ을 좀 없애 달라 해도
제발 물길을 좀 바꾸어 달라 해도
사람들은 솔나무, 딸님, 아들님만을 고집합니다
이 불편한 발음
우격다짐만 가득 찬 이 돌 같은 화법시대에
내 혀도 자꾸 굳어갑니다

겨울 아이가 되어

첫눈이 내리면
겨울 벌판은 새하얀 귀를 열고
죄의 고백을 기다리는 젊은 사제司祭가 된다

눈 쌓인 벌판에 홀로 서서
순은의 빛에 온몸을 찔리며
나는 웅얼웅얼 잠시 죄를 뉘우친다

몰아치는 눈보라의 아픈 고문
하지만 그건 강요된 죄의 자백이 아닌
저 설원雪原에 바치는 내 삶의 고백이었다

까만 숯덩이가 되어
입에서 튀어 나오는 한 생애의 파편들
눈 덮인 벌판에 새 발자국처럼 총총 찍히면

그 아래에서 들려오는 대지의 맥박소리
뭇새들의 따스한 깃털도 함께 포개어져

한 장 판화로 찍혀 겨울나무에 걸린다

아하, 첫눈 내리는 날
나는 그렇게 눈동자 커다란 겨울 아이로
다시 하얗게 태어난다

칫솔의 꿈

주인이 쓰다 버린 나는
홀로 차가운 길바닥에 던져져 있다

누군가 내 비밀의 주머니를 열어 준다면
많은 이야기들을 들려줄 텐데

주인의 입을 들락거릴 때
깨알처럼 쏟아지던 삶의 숱한 자국들이
내 몸 틈새마다 빽빽이 끼어 있지만
아무도 그것을 흔들어 주지 않누나

빛을 보내다오
네 의식의 명징한 불빛을
단 한 번만이라도 내 몸에 비춰다오

그러면 나의 주머니가 탁, 하고 터지며
생의 밀어密語들이 풀씨처럼 쏟아지리니

가을 문법

가을 숲으로 들어서는 순간
가슴에 쌓인 말과 문자들을 모두 지워 버린다

울긋불긋 떨어지는 잎들
여태껏 껴입은 눈부신 형용사로 짠 옷들을
이 숲에서 전부 벗어 버린다

그렇게도 소중했던 약속들
그곳에 밑줄 그은 붉은 표지를 다 지우니
무겁게 지고 가던 삶의 엉킨 문장들이
한 구절 간결체로 흰 깃털처럼 팔랑댄다

이 가을,
실어증을 앓는 낙엽들을 밟으며
맨살의 문장을 다시 쓰지 않으면 안 된다

그 고요한 숲에서 발가벗은 생의 문체를

제2부
소리에 열리다

달빛 도둑

귀갓길 어두운 길에서
문득 하늘을 보니 보름달이 떠 있었다
발걸음을 옮길 때마다
달빛이 금화金貨처럼 신발 끝에 떨어져 내려
데구루루 구르다가 길바닥에 쓰러졌다
늦게 배운 도둑질인가
그 금화 몇 낱을 얼른 주워서
주머니에 슬쩍 넣고 집으로 돌아왔다
헌데, 어쩌랴
달빛이 방 안의 창 앞까지 쫓아와
내 온몸을 금실 오랏줄로 묶어 버렸으니

꿈의 허리끈

바지에 허리끈을 조여 맬 때
사람들은 자신도 모르게 어떤 결의를 다진다

그것은 출발 혹은 시작의 신호
어딘가 가야할 곳이 있다는 뜻이다

비바람 눈보라 몰아쳐도
그 끈을 묶었다 풀었다 스쳐온 세월
낡은 가죽끈엔 아직도 향기가 조금 배어 나온다

어느새 몸과 마음은 헐렁해져
구겨진 바지는 자꾸 아래로 내려오지만

다시 허리춤에 꿈을 단단히 동여매고
어딘가로 가기 위해 집을 나설 때
나는 물 먹은 풀잎처럼 파릇파릇해진다

겨울 저수지에서

겨울에도 저수지는 얼지 않았다
팽이를 치던 코흘리개들도
이제는 보이지 않았다
얼어붙은 것은 사람들의 마음
낡은 팽이채가 마른 등나무 넝쿨처럼
시간의 벽에 걸려 있을 뿐이다
잘 깎인 팽이가 맹렬히 돌아갈 때는
세상도 푸른 배춧잎같이 싱싱했다
하지만 얼지 않은 물 위엔 팽이 대신에
플라스틱 병이 둥둥 떠돌고 있고
사람들의 마음도 잿빛으로 물들어갔다
잠시 못둑에 서서
아이들아, 하고 나직이 불러 보았지만
메아리만 물수제비를 뜨며 흩어져 버렸다
겨울, 이 황량한 저수지
찰랑대는 잔물결소리가 아니라
끙 끄응 울리는 얼음의 속울음을 듣고 싶었다

카인의 자식들

뜨거운 욕탕 안
눈을 지그시 감고 있는 사람들의 표정이
마애보살 같았다
물속에선 모두가 이렇게 선한 얼굴이니
물의 힘은 참으로 신비했다

여기저기 벌거숭이로 드러누운 사람들
아무도 나뭇잎 한 장으로도 가리지 않았으니
이곳이 바로 에덴동산이었다

속옷 한 벌 벗으면 들어서는 이 낙원
빈천도 부귀도 모두 털어 버렸으므로
완전한 평등의 나라였다

모락모락 올라오는 뜨거운 김
그 누구도 잠시 뒤
발목에 찬 열쇠로 딸깍, 옷장문을 여는 순간
불평등한 나라로 되돌아가야 한다는 것을

생각하지 않는 듯했다

어쩔 수 없이 에덴의 동쪽으로
쫓기듯 가야 한다는 슬픈 신탁神託을
물만 자꾸 끼얹으며 잊고자 하는 표정이었다

자유의 종

고층 아파트 출입구 앞
사람들과 우르르 엘리베이터를 탔다
층층 숫자가 바뀌는 동안
어색한 침묵이 희뿌연 안개로 에워쌌다
야릇한 낯섦과 부자유가
힘껏 불어 놓은 풍선마냥 팽팽해졌다
통발에 갇힌 물고기 떼처럼
출구를 찾아 내쉬는 들숨과 날숨소리가
서로가 나누는 유일한 대화였다
그런 몇 초 뒤 땡, 하는 소리와 함께
사람들은 하나둘씩 썰물같이 빠져나갔고
이제 남은 사람은 둘
스마트폰에 빠져 있는 사내와 나뿐이었다
다시 고요가 에워쌌다
나도 그냥 마음속 창살만 만지작대며
한 번 더 땡, 하고
자유의 종이 울려 주기만을 기다렸다

만추晚秋

너무 깊은 시간 속으로 들어온 것 같다
미로를 따라 안개를 헤치며 온
먼 길, 다시 뒤돌아갈 수는 없다

몸은 점차 가벼워져 바스락대고
마음은 돌을 매단 듯 무겁게 가라앉는다

노을불에 달구어진 빨간 잎새들
시간의 모루에 드러누워 딱딱 망치소리에
저마다 얇게 압착되어 바람에 딸각댄다

모두가 양철조각 같은 몸을 비틀며
깊숙한 시간 속으로 빨려드는 사람들

뒤축 닳은 신발로 제 그림자를 밟고 서서
구불텅한 앞길을 물끄러미 바라보고 있다

소리에 열리다

바로 그때였다

거실 바닥에서 벌떡 일어나
베란다 창문을 활짝 열어젖혔다
밤늦도록 내리는 장맛비
그 빗줄기의 현絃을 높은음으로 뜯으며
허공에 퉁겨 올리는 청색의 소리가 들렸다

누군가 작은 조약돌 두 개를
거듭 마찰시키는 저 해맑은 소리
내 마음 깊숙이 감춰둔
유년의 풍경화를 들춰내는 저 설레는 소리
검은 먼지가 눌어붙은
거칠고 주름진 내 심혼心魂의 바닥을
나무막대로 긁어내는 저 투명한 소리

이 황량한 아파트 단지 앞
저쪽 어둑한 화단의 풀숲에서

빗물에 부딪쳐 영혼의 문을 열어 주는
뜨거운 울림이 있었다

청개구리 소, 리

금붕어 바로 보기

액자 속에 어항이 그려져 있고
그 어항 안에 금붕어가 헤엄치고 있다
녀석은 못물이 그리운 겐지
밖을 뚫어지게 바라보고 있다
하지만 그것으로 그만이었다
그의 몸 밖에는 어항의 유리가 있고
그 어항 밖에는 액자의 유리가 있으며
다시 그 바깥에는
보이지 않는 내 마음의 창窓이 있다
그 겹겹의 투명한 벽에는
어떤 관념들이 얇게 막을 이루고 있어서
실체가 조금 뒤틀려 보일 때가 많다
그 까닭일까
금붕어가 세 겹의 유리벽을 지나
내 마음속 스크린에 비칠 때는
가끔 꼬리 없는 기형이 되거나, 혹은
파란 비늘의 몸통이 되기도 한다

잠깨는 돌

한여름의 뙤약볕이 내리쬐는 바닷가
뜨겁게 달구어진 조약돌 하나를
손바닥에 올려놓고 몇 번 쓰다듬었다
수억 년의 침묵 속에 갇혀 있던 돌
서서히 핏기가 돌고 맥박이 뛰기 시작했다
찌릿찌릿 살갗으로 파고드는 돌의 말들
내 온몸으로 번지며 시간의 깊은 비밀을
부황을 뜨듯 여기저기 찍어 주었다
그 붉은 자국에서
아련히 들려오는 태고의 바람소리
쥐라기의 별빛도 가득 묻어 나왔다
돌 하나, 그 속살에 다지고 다져진
이 아름답고 신비한 대자연의 이야기들
손바닥 위에서 푸우, 하고 숨을 내쉬며
긴 잠에서 깨어나 꽃씨처럼 터뜨려졌다

재의 수요일

미사는 엄숙했다
긴 행렬을 따라 제대 앞에서 고개를 숙이자
재 한 점이 머리 위에 얹어졌다

흙에서 왔으니 흙으로 돌아갈 것을 잊지 마시오
사제司祭의 목소리는 나직했지만 단호했다

내 몸은 속살 깊은 곳까지 흙투성이
그것을 잊은 채 세상 꼬리만 잡고 살아왔으니
겨드랑이에 흙이 조금씩 새는 줄도 몰랐다

바람 불어 풀씨들이 날아와
어쩌다 어깨 위에 떨어져 내린 것도
이제 생각하니 내 몸에서 흙냄새가 났기 때문이다

흙으로 돌아간다는 것
그것은 바람과 햇빛, 시간의 물살에 반죽되어
다시 영혼의 처소로 귀향한다는 뜻,

눈송이 하나 나뭇가지에 걸리듯
온 세상을 떠돌다가 맨 처음의 그 자리
영원 속 어느 둥지로 깃들인다는 뜻일 게다

측백나무 불사른 잿가루 한 점
헝클어진 머리카락 위에 얹어지는 저녁

이제껏 움켜쥔 모든 것들이
저마다 허물을 벗고 회색 나비처럼 훨훨 날아
내 머리에 살짝 앉는 환영에 사로잡혔다

슬픈 시조새

바람이 불자
투명한 비닐 한 장 공중을 떠돌고 있었다
죽음의 폐기물인 줄 알았는데
바람이 그에게 숨을 불어 넣어
해파리처럼 유연하게 허공을 헤엄치고 있었다

현생 인류가 탄생시킨
저 가벼운 신생의 시조새
비록 날카로운 이빨과 발톱은 없지만
사백 년 동안 버틸 수 있다는 날개를 파닥이며
아파트 높은 모서리를 선회하고 있었다

중생대라고 착각한 것일까
여기저기 불을 내뿜는 이 시대의 분화구에서
화산재마냥 치솟는 온갖 탐욕의 잿가루를 보고
그는 일억 만 년의 잠에서 깨어난 것일까

매캐한 스모그와 오염물로 뒤덮인 세상

그는 이 검은 먹이들을 부리로 쪼면서
제 뱃속에 가득 채운 후 바람을 타고 내려가
어느 조용한 암반 속에서 지금 퇴적되려 한다

까마득히 먼 훗날
다시 대지가 흔들리고 지층이 드러날 때
후생 인류는 깊이 잠든 저 비닐 화석의 배를 열고
무엇이라고 읽어낼까

존재의 집

잉크를 새로 갈아 끼운 프린트기에
어젯밤 쓴 시를 출력한다
까만 글자 안에 담긴 꽃과 나무들
번데기 속에 갇힌 듯 혼신의 힘으로
나비가 되어 날아오르려고 몸부림친다
눈썹을 깜박이는 언어의 온갖 형상들
그 날개에 손끝이 조금 닿자
문자가 아니라 숨 쉬는 것들로 느껴졌다
그렇군, 언어는 존재의 집이라 하더니
날개를 단 수많은 몸들이
저렇게 비상을 꿈꾸며 웅크리고 앉은 곳이
바로 그 집이었구나
그래, 시의 나비야
누가 네 이름을 큰 소리로 부르거든
어둠의 막을 힘껏 찢어 버리고
저 빛을 향해 한 세계를 열어 보아라

작은 영혼의 꿈

내 어린 시절, 수도원 사제司祭가 되고 싶은 적이 있었어. 눈 쌓인 시골 마을, 그윽하게 울리는 성당의 종소리는 내 맑은 영혼을 털옷처럼 감싸 주었지.

오늘 눈 내린 겨울 숲속, 유년 시절 꿈꾸던 그 수도사들을 다시 만났어. 맨발로 새하얀 건반을 밟으며 천상의 송가를 부르고 있는 겨울나무들, 숲은 어느새 작은 수도원이 되어 있었지.

숲은 고독과 침묵의 몬테카시노,* 바람과 눈보라에 전 생애를 맡긴 채, 묵묵히 서 있는 그 낙목落木들을 껴안고 조용히 고해성사를 보았어.

오, 숲과 사람과 하늘이 하나 되는 이 순간, 나뭇가지에 얹힌 첫눈송이 흰 천사들이 나풀나풀 내 머리 위로 날아와 입맞춤을 해 주었지.

---

* AD 529년경 성 베네딕토가 로마 남동쪽에 세운 수도원.

깊은 호수를 읽다

해가 뉘엿뉘엿 질 무렵
중산지*를 바라보며 서 있었습니다
깊은 수심水心과 시퍼런 물빛이
어떤 두려움을 던져 주었지요

잠시 생각에 잠길 동안
호수는 어느새 낯선 세계가 되어 있었고
삶과 죽음, 웃음과 눈물이 가라앉은
생의 불안한 심연으로 변해 있었습니다

조금씩 일렁이는 물결들
물속 깊이 숨어 있던 어떤 의지가
저렇게 시퍼런 물빛을 끝없이 흔들 때
나도 이 생을 흔드는 알 수 없는 힘 앞에
어쩔 수 없이 두려움을 느낍니다

출렁일수록 젖어 가는
물의 두터운 잠언서

그렇게 펼쳐지는 고요의 말씀과
저문 호수의 낱장을 천천히 넘기며
그 깊은 곳을 말없이 읽고 있었습니다

* 경북 경산시 중산동 소재의 호수.

세한도 안으로

천을산* 야트막한 오솔길
다복다복 쌓인 솔잎을 맨발로 밟는다
신발 두 짝 나무 등걸에 놓아두고
솔바람을 따라서 마음을 모두 내맡긴다
한때는 푸르른 기개 뽐내던 것들
갈색 야윈 몸으로 내 발에 밟히자
모시치마 접히는 소리로 사륵댄다
콕콕 발바닥을 찌르는 솔밭의 이야기들
그 속을 헤집자 숲이 감춰둔 깊은 말들이
따스한 팥앙금처럼 얼굴을 빼쭉 내민다
어쩔거나,
풍진 세상 뒤돌아보면 돌이 된다는데
오늘은 그냥 산새소리 이끄는 대로
청솔바람 몇 줌 먹물처럼 가슴에 담고
저 솔숲의 세한도 안으로 스며들고 싶을 뿐

* 대구시 수성구 가천동 소재(해발 121미터).

봄, 뜨거운 울림

봄볕 따사로운 밭두렁 아래
여인들이 쪼그려 앉아 쑥을 캔다
두 손가락 바삐 풀밭을 헤집을 때마다
여인들의 작은 소망도 쑥향기에 버무려져
하얀 나비처럼 나풀댄다
산기슭 적막을 푸른 덧니로 물어뜯는
야생초들의 거친 숨소리
그리고 이따금씩
파도에 밀려온 해변의 조약돌같이
밭둑에서 좌르륵대는 여인들의 웃음소리
그 생의 울림이 너무도 뜨거웠다

제3부
눈에 덮인 고백록

망초꽃

저것은 하얀 생트집
겨우내 바람의 집에서 잠들다가
유월의 산기슭으로 무리지어 날아와
막무가내로 퍼붓는 눈보라
온 땅을 뒤덮으며
야성의 거품을 토하는 저 아우성에
이 여름은 오히려 서늘해진다
맹렬히 타오르는 정념의 불꽃송이들
그 뜨겁게 달아오른 흰 꽃잎 속으로
가슴이 끝없이 빨려들 때
아으, 은빛 이리 떼같이 울부짖는 저 앞에
내 온몸은 갈가리 물어뜯긴다

따스한 소통

겨울 바다 작은 횟집

한 여주인이 회를 뜨고 남은 것을
양동이에 가득 담아 저쪽 모래톱에 갖다 버렸다
그러고는 이내 망망대해를 바라보며
이상한 신호를 허공 쪽으로 몇 번 보냈다

순간, 하얀 갈매기 떼가 어디선가 날아와
그 생선의 잔해들을 깨끗이 먹어 치웠다
여인은 웃으며 종종걸음으로 돌아갔고
갈매기들도 끼룩대며 다시 바다로 날아갔다

소리,
외침은 넘쳐도 가슴이 없는 이 시대
참 따스한 소통의 끈이
겨울 감포 바닷가에서 털실처럼 풀리고 있었다

눈에 덮인 고백록

함박눈이 쏟아져 내린다
바람에 흩날리는 눈발들이
읽다 만 고백록 위에도 사륵사륵 쌓인다
책갈피 안으로 스며드는 눈송이
눈 쌓인 행간 사이사이에서
한 사내가 흐느끼는 소리가 들린다
조용히 책을 펼치자
손가락에 묻어 나오는 뜨거운 눈물방울들
젊은 그날의 죄에 대한 아픈 참회가
얼어붙은 세상의 가슴을 따뜻이 녹여 준다
성 어거스틴,*
단 한 번의 깊은 뉘우침으로
어둠의 자식에서 빛의 아들이 된 사람
그의 눈물이 순백의 날개에 실려서
젖은 고백록 위를 하얗게 뒤덮고 있다

* AD 4세기 북아프리카 히포의 주교이자 신학자.

시와 까치집

바람이 세차게 불어도
까치집은 결코 떨어지지 않는다

흔들릴수록 오히려
까치집은 더욱 완강히 나무와 하나가 된다

얼기설기 걸쳐 놓은 둥지가 아니라
마른 가지 하나씩 단단히 엮어 넣고
밀고 당겨 놓은 저 팽팽한 꿈의 집
미루나무 맨 꼭대기에서 반짝, 빛난다

시를 쓴다, 오늘도
그러나 바람 한 줄기 드세게 스치자
내 언어의 집은 이내 땅으로 곤두박질쳐 버린다

다시 끼어 맞출까 새로 집을 지을까
고민하던 그 순간

까즈까즈 까작까작
시의 행간 여기저기에서 메아리처럼 울리며
까치소리가 들려온다

하얀 개화

늦도록 비가 내린다. 병원 주차장, 자동차 열쇠를 꺼내려다 주머니에서 작은 약봉지 하나가 떨어진다. 빗물에 실려 둥둥 떠내려가는 흰 알약들, 소용돌이를 이루다가 하수구 쪽으로 빨려든다. 다시, 컬컬대는 내 억센 기침소리.

한 늙은 맹인이 신호등 앞으로 다가간다. 흰 지팡이로 탁탁 보도블록을 치면서 자신의 갈 길을 용케도 가늠한다. 헝클어진 빗발 속에서 수정처럼 빛나는 생의 의지, 나도 느슨해진 신발 끈을 다시 팽팽히 조아맨다.

하늘을 바라본다. 몇 마리 새들이 비를 맞고도 힘차게 날아간다. 풀잎같이 싱싱한 생의 악보를 부리에 문 채, 새들은 푸른 물감처럼 빗속으로 녹아든다. 허공에 울려 퍼지는 모차르트 교향곡 40번 1악장, 나는 거듭 삶을 다짐한다.

빗물, 생의 아픔을 기억 저쪽으로 쓸어낸다. 불현듯 마음속에서 되살아나는 초록의 뮤즈들. 그들의 숨결에 취해 주머니 속 알약을 모두 허공으로 힘껏 던진다. 탁탁탁… 젖은 알약들이 맑은 숨을 내쉬자 활짝, 터뜨려지는 하얀 꽃망울들.

팽이

삶이 허망해지고
모든 꿈이 산산이 부서져 내릴 때
내 온몸을 채찍으로 때려다오
쓰러진 그 꿈을 다시 세울 수 있다면
수백 번의 쓰라린 매질 자국이
어찌 꽃 핀 자리보다 눈부시지 않으랴
피멍 들게 맞을수록
맑은 숨으로 되살아나는 나의 몸
그 푸른 심지 하나 맨땅에 꽂으며
나 지금, 혼신의 힘으로 돌고 있나니

태양은 눈부시게

땡볕 내리쬐는 한낮
지렁이 한 마리 길바닥에 죽어 있었다
그의 살갗에 새까맣게 달라붙어
이곳저곳을 더듬고 있는 한 떼의 개미들
시간이 멈춘 자와
시간을 누리는 자의 가파른 경계선이
흑백의 실타래처럼 뒤엉켜 있었다
띠릉 띠릉 씨으릉
영원 속에서 들려오는 지렁이의 울음소리가
시간의 벽을 타고 지상으로 번져갈 때
개미들은 그 울음을 차갑게 토막 내어
검은 음표로 흩어놓고 있었다
한쪽의 주검이
다른 한쪽에선 삶의 욕망이 되어 버린
이 뒤틀린 운명의 길바닥
뫼르소,* 저 하늘의 태양이 너무 눈부셔
그대도 아랍인에게 방아쇠를 당겼는가?

* 카뮈의 소설 『이방인』에 등장하는 주인공.

초록 눈물

오월의 숲에서 만나는 초록
하나도 남김없이 눈 안에 넣고 싶어라

작은 눈동자 이리저리 굴릴 때마다
맷돌에 갈려지듯 곱게 흘러내리는
풀빛의 향긋한 거품들

내 동공 깊숙이 모두 감춰 두었다가
아무도 모르게 울고 싶을 때면
초록의 눈물을 뚝뚝 흘리고 싶어라

그 눈물자국에 손끝이 닿으면
싱그럽게 묻어 나오는 봄의 전류들
한세상 슬픔도 푸르게 감전되리니

영혼의 별 하나

삶이 고되고 쓰라릴 때면
밤하늘을 잠깐 바라보라
어둠 속 별 하나를 바라보는 것은
영원을 생각하는 것
우리는 한평생 땅이 아니라
사실은 별빛 머금은 이슬을 등에 지고
풀잎 위에서 살아왔다
해 뜨면 우리는 얼룩 한 점 남기고
어디론가 빨리 사라져가야 한다
우리가 겪는 지상의 이 아픔도
밤새 저 하늘의 별빛을 점등하는
소중한 기름이 되리니
그때 내 영혼은
눈부신 풀꽃처럼 아름답게 빛나리

탕! 탕! 탕!

철퍼덕, 계란 도매상 앞길에서
백발의 노인이 쓰러져 있었다
중년의 한 사내가 그를 부축해 안고서는
어디론가 다급히 전화를 하고 있었다

길바닥에 엎질러진 달걀 한 판
터진 낱알들이 어지럽게 으깨어져
오후의 햇볕에 토사물같이 끈적댔다

젊은 한때는 세상을 누볐을 저 노인
차가운 보도블록 위에 홀로 쓰러진 채
지금 갑자기 벽을 뚫고 찾아온
천 길 깊은 어둠에 온몸을 맡겨 버린 것이다

저 두려운 바람소리
삶을 휘감는 죽음의 거대한 손아귀를
온몸으로 느끼는 순간
문득 총 한 자루를 집어 들고 싶었다

그러고는 생의 불덩이를
그 총의 약실에 뜨겁게 장전하며
저 어둠을 향하여 방아쇠를 당기고 싶었다
탕! 탕! 탕!

임의 부름

혼자 벌판에 서 있었습니다
바람이 불 때마다 서걱대는 풀잎들
그 풀숲 깊은 어디쯤에서
누군가 은밀히 말을 걸어왔습니다

아수스사 어수스사
분명 소리는 들렸지만
아무것도 보이지 않았습니다
바람을 타고 신비한 음향으로만 들려오는
보이지 않는 저 무한의 손짓을
이 작은 가슴으로는 다 품을 수 없었습니다

저 벌판,
풀잎이 바람에 흔들리는 것을 볼 때마다
나는 설렘 속에 영원한 임을 만납니다

연필 깎기

육각의 날개를 접으며
까만 알 하나를 품고 있었네
번득이는 칼날이
속살을 한 겹씩 벗겨낼 때마다
그저 사각사각 흐느끼고만 있었네
마침내 칼끝이 멈추고
하얀 종이가 새털구름처럼 펼쳐질 때
품은 알에서 부화된 한 마리 검정 새가
저 하늘을 향해 파닥여갔네
문자와 도형을
때론 그리움을 공중에 부리로 그리며
새는 화석이 되어 돌아오지 않았네

인간의 조건
– 대장 내시경

모니터가 켜 있는 검사실
몸을 옆으로 조금 돌려 침대 위에 누웠다
깻잎 한 잎만큼 구멍이 나 있는
헐렁한 바지의 엉덩이
그 안으로 찬 기운을 느낄 때쯤
나도 모르게 깊은 잠 속으로 빠져들었다

짝짝짝짝
아이들은 저마다 개구리의 항문에
마른 보릿대를 빨대처럼 꽂아서
바람을 세차게 불어넣었다
순간, 배가 터질 듯 불룩해진 개구리들
사지를 뻗으며 온몸을 부르르 떨었다
짝짝짝짝
아이들은 모두 손뼉을 치며 웃었고
상기된 표정으로 나도 함께 히죽했다

탁탁 토닥토닥

누가 어깨를 두드렸다
일어나실 수 있겠어요? 간호사의 목소리
몸을 부스스 일으켜 잠시 멍한 상태로
회복실 주변을 두리번거렸다
이곳저곳에서 침대에 뉜 사람들이
모두 빨대에 꽂혔던 그날의 개구리처럼
숨을 거칠게 몰아쉬는 중이었다

아무런 조건 없이
그냥 던져진 인간의 모습이었다

안경 1

눈을 다시 뜬 것 같다
일그러지고 흐트러진 세상이
맑은 선으로 되살아났다

밤안개 같은 불확실성이 걷히니
세계를 그저 느끼는 것이 아니라
또렷이 탐색하고 싶었다

온갖 외물들이 제 윤곽을 되찾고
거리의 가로수 '냐뮤'들이 '나무'가 되었다

투명한 유리알은 빛의 통로

세계는 그곳을 통해 매 순간 포착되고
다시 새롭게,
내 마음의 암실에서 인화印畵되고 있었다

안경 2

창을 닦으니
눈앞이 더욱 또렷해졌다
미세한 솜털과 보푸라기들이
여기저기서 바람에 흔들리고 있었다

보이는 것에 대한
이 절대의 믿음
꽃은 아름다웠고 풀은 싱그러웠다

하지만, 보이는 것의 저 너머
보이지 않는 영원한 것이 있음을
자꾸 잊어버리고 있었다

그렇다, 보이는 것은 햇빛 속에서
보이지 않는 것은 내 영혼의 빛 속에서

가장 아름다운 시

가장 아름다운 시의 마침표는
원고지 위에서가 아니라
시인의 삶 속에서 찍힌다

밤 깊어 오늘 하루를 성찰하는
그 무릎 꿇은 자리

그곳에서 시는 비로소
한 점 마침표를 빛나게 찍는다

시와 라면

라면이 끓는 동안
몇 줄의 시를 고쳐 쓴다
스프와 면발이 익어가는 냄새가
메모지 속으로 스며들면
시의 언어들도 서서히 달아오른다
탈탈탈 냄비 뚜껑 떨리는 소리
보글보글 시의 언어가 끓는 소리
더도 덜도 아닌
어느 한 임계점의 그 불기운에서
라면도 시도 잠깐, 숨을 멈추고
극치의 맛을 우려낸다
그 정점의 한순간
라면은 시가 되고
시도 면발에 엉켜 서로 하나가 된다

제4부
뜨거운 까치소리

춤추는 생生

천을산 봉우리에 올라
고요히 흘러가는 금호강을 바라본다
연초록 물감이 엎질러진 강변의 풀숲들
내 마음에도 풀빛을 가득 찍어 준다
포르릉 텃새들의 날갯짓 소리
멀리 고모령 쪽으로 뻗어 있는 꿈의 궤도 위로
급행열차가 지나가는 소리
살아 움직이는 것들이 모두 아름다웠다
이 세계에 가득 찬
너울너울 춤을 추는 생의 푸른 의지
그 한 자락을 상춧잎처럼 입에 물고
나도 바람을 헤치며 다시 산길을 걸었다

편백나무 숲에서

 그것은 위태로운 수직, 어깨를 후려치는 장대비 소리다. 그것은 꼬깃꼬깃한 지폐를 펴는 힘, 등 굽은 척추를 곧추세우는 손아귀의 완력이다. 그것은 키가 큰 독일 신부님, 초콜릿을 처음 맛보게 한 유년의 추억이다. 그것은 뒤틀린 마음을 펴주는 초록의 망치, 광장에서 쩌렁쩌렁 울리는 자유 시민들의 곧은 외침이다. 그것은 아찔한, 혹은 높고 아득한, 먼 신화의 나라에서 성큼성큼 걸어 나오는 티탄족*들의 직립보행이다.

---

* 그리스 신화에 등장하는 거인족.

임플란트

모든 죄는 입에서부터 시작된다고 했나
혀는 비수보다 날카롭게 가슴을 찌르지

그 입에 천 근 자물쇠를 채울 수도 없어
신神은 고민 끝에 생각했지
사람들의 잇몸 깊숙이 나사못을 박으라고

그래, 나도 그렇게 못질 당한 사람이야
검푸른 꼬리처럼 퍼덕이는 혀
잇몸 뼈에 드릴로 구멍이 뚫어질 때
그 혓바닥도 함께 못이 박혔지

반짝, 금으로 덮여 빛나는 어금니
그것은 편히 씹고 장수하라는 게 아니라
입으로 지은 죄를 늘 생각하라는 신호일 거야

뜨거운 까치소리

삶이 힘겹다고 느껴질 때
까치 떼가 모여 있는 곳으로 간다

대구스타디움 보조경기장
그 주변 숲길은 까치들의 천국이다

폴짝폴짝 뛰어오르는 경쾌한 몸짓과
부지런히 땅을 쪼며 먹이를 찾는 모습
가까이 날아온 까마귀를 맹렬히 쫓는 광경에서
나는 삶의 활력을 되찾는다

느티나무 우듬지에 앉아
생의 불꽃을 파열음으로 터뜨리는 녀석들
부리를 열 때마다 무수한 불똥들이 튀어나와
내 온몸에도 꽃불을 지른다

펑, 펑, 펑
까치소리가 내 혈자리에서 터뜨려질 때마다

더욱 뜨거워지는 핏줄들

쇄석처럼 삶의 무기력이 어디론가 튕겨져
산산이 부서진다고 느껴질 때
나도 숲길 벤치에서 벌떡 일어나
사뿐사뿐 스타디움 둘레길을 경쾌하게 뛰어 본다

풀잎 어머니

입영을 하던 그날
어머니는 집 밖 큰길까지 배웅을 나왔다
남자는 군대를 댕겨 와야지, 얼른 가거라
단호한 그 음성을 뒤로 한 채 작별을 했다
그 후, 훈련소에서 보낸 옷이 집으로 오던 날
어머니는 남몰래 속울음을 터뜨렸다고 한다
눈바람 드센 겨울이 깊어가는 동안
막내아들 생각에 아랫목 이불 속에 넣어뒀다던
따뜻한 쌀밥이 담긴 하얀 그릇
아직도 내 가슴엔 그 온기가 숯불같이 따습다
슬픔도 아픔도 모두 돌 하나로 응고시킨
어머니, 이 나라를 지킨 건 정작 내가 아니라
무명치마 펄럭이는 마지막 조선 여인이었다
오늘도 세상은 술렁술렁
혁명을 했다고 개혁을 하겠다고 온통 난리지만
이 땅을 진정 사랑한 사람은
비바람에도 꺾이지 않은 풀잎의 여인이었다

민초 실록

그 여름, 위령탑* 제막식이 시작되었다
애끓는 진혼무에 이어
내 조시弔詩가 구슬프게 낭송되었다
차가운 빗돌에 새겨진 형아의 이름
사십팔 위位의 위령들도 돌 속에 잠들었다
눈을 감아도 보이는 사람들
빗돌 한 번 쓰다듬으면 점자처럼 손끝에서
그리운 영혼들이 따뜻이 읽혀졌다
형아, 얼굴도 모르는 형아
전쟁은 끝났지만 내 가슴엔 아직도
한 시대가 물려준 포탄이 깊이 박혀 있다
누가 이 녹슨 쇳덩이를
그날의 아비규환인 줄 알 수 있으랴
책에도 나오지 않는 슬픈 역사
이제야 청솔가지 하나 꺾어 피눈물 찍으며
저 하늘에 기록해 본다

* 경북 구미시 형곡동 소재. 6.25 때 미군의 오폭으로 폭사한 주민들의 넋을 기리는 탑(2016.8.4).

검은 눈물

까맣게 익은 오디를 먹을 때
문득 상처에 대한 생각이 떠올랐다

문틈에 손가락이 끼었을 때
맨땅에 넘어져 무릎이 부딪쳤을 때도
살갗이 이렇게 새까맣게 탔었다

어디 그뿐이랴
난리* 통에 폭격 맞은 일곱 살 맏아들과
친정 혈육들의 주검이 거적에 덮일 때도
어머니의 가슴은 저렇게 새까맣게 탔었다

그래선지 일흔이 넘도록
어머니의 머리카락은 하얗게 세질 않고
가슴의 피멍이 올라와 흑갈빛을 띠고 있었다

극한 고통,
그것은 꿀떡꿀떡 말을 삼켜야 하는 것

그러기에 그 아픔이 잉걸불로 타오르다가
새까만 숯덩이로 가슴에 엉겨붙은 것인가

잘 익은 오디를 먹을 때
한세상 모진 풍우에 살다간 이 땅의 사람들
그 까만 상처가 된 마음을 생각해 본다
그 울혈에서 흘러내리는 검디검은 눈물을

* 6.25 전쟁.

나사못

나사못이 온몸을 회전하며
나무의 속살로 파고들 때
의자는 튼튼한 다리로 일어선다

오리나무를 칭칭 감는 억센 넝쿨같이
몸에 새겨진 사나운 주름을 타고
나사못은 빙글빙글 안으로 파고든다

하지만 나무의 속살 깊이 박히고 나면
자주 머리를 내미는 녹슨 못과는 달리
나사못은 쉽게 튀어나와 바지를 찢지 않는다

지금 우리 시대
사람들은 여기저기 새 집을 짓겠다며
정의의 망치를 들고 못질을 하고 있지만
아뿔싸, 그 못대가리 다시 튀어나와
많은 이들의 가슴을 걸어 찢어 놓고 있다

바람 불면 삐걱대는 이 땅
허술한 못이 삐져나온 숱한 나무의자들이
저만치 어둠 속에서 울고 있다

오늘도 빙글빙글 돌면서
나무의 속살 깊이 파고드는 나사못들

제 몸뚱어리 수차례 짓눌려
깊은 어둠 속으로 생매장을 당해도
나무의자 다리 하나 완강하게 붙잡고 있다

곡선 탈출

그날, 신神은 눈부신 빛의 손으로
활의 팽팽한 시위에 사람들의 몸을 걸어
하늘을 향해 힘껏 당겼다
쉬우웅, 하는 소리와 함께
끝없는 허공으로 사람들은 자유롭게 날아갔다
결코 수평을 탐하지 말라
신의 이 말을 깜박 잊은 채
사람들은 세상 저 끝까지 날아가기 위하여
두 팔을 쭉 뻗었다
하지만 그들에겐 이미
곡선의 궤도가 운명처럼 지어져
낙착 지점이 정해져 있었던 것이다
그래도 사람들은 수평을 포기할 수 없었다
꿈의 날개를 수없이 파닥이며
생의 불덩이를 가슴에 품고서는
두 눈을 부릅뜬 채 무한천공으로 날아갔다

야성을 위하여

들풀을 바라보라
바람이 불 때마다 휘휘 소리치며
이리저리 흔들리는 그 모습이 싱그럽구나
오늘도 그대 등 뒤엔
무성한 여름나무가 아무렇게나 웃자라고
서녘 하늘엔 저녁노을이
붉은 물을 엎지르며 거침없이 번지고 있다
보아라, 저 벌판을
원시의 숨을 내뿜는 수많은 초목들이
아무도 품지 않은 숫가슴을 열어젖히며
그대의 맨살을 기다리고 있다
세상은 늘 갑갑하고
우리들 진실마저 가면에 덮여 굳어가므로
껴안아라, 들풀을
한낮의 야생지대에 그대 알몸으로 파묻혀
후욱 숨을 들이켜라

신라인들과 춤추다
– 불로동 고분군*

수많은 고분이 다도해처럼 펼쳐진
야트막한 구릉 위에 가을이 저물고 있었다

두 팔을 뻗치자 신라인들의 숨소리가
갓 구운 토기마냥 손끝에 따스하게 잡혔다

남쪽 하늘엔 상현달 하나

저 달의 하얀 살점을 떼어 곱게 다듬어서
징 하나 만들어 밤새 두드리면
천 년의 깊은 잠에서 신라인들이 깨어날까

불현듯 소슬바람이 차갑게 스쳐갔다
그 바람결에 도솔가 한 소절이 실려와
고인들과 내가 너울너울 춤추기 시작했다

아, 이 가을 이렇게 많은 신라인들을
조각달 비추는 고분의 섬에서 만나다니

서로 손을 맞잡거나 부둥켜안은 채
아아라이 사뇌가를 함께 부르니
저녁 달빛이 어깨에 비단처럼 감기고 있었다

* 대구시 동구 불로동 소재의 삼국시대 무덤군.

슬픈 목련의 계절

오늘도 마을 앞 호숫가엔
갈 곳 없는 사람들이 모두 마스크를 쓰고
무거운 침묵 속에 서성이고 있었다
죽음의 염병이 창궐하는 이 분지에도
어느새 봄꽃들이 활짝 피어
저마다 햇살을 한 입 가득 물고 있었다
봄빛 나붓대는 호반
잠시 의자에 앉자 물오리 떼를 바라보았다
풍덩, 잽싸게 자맥질을 하면서
물고기를 낚아 올리는 그들의 힘찬 몸짓이
생의 의지를 푸릇푸릇 북돋워 주었다
난리가 나면 민초가 버려지는 나라
여기저기 풀대 꺾이는 소리가 들리지만
그냥 돌 하나를 집어 호수에 힘껏 던졌다
그래, 봄은 또 깊어갈 것이고
내 숨결을 지켜 주는 이 하얀 마스크가
백목련 꽃잎 하나 입에 핀 것이라 생각하며
울적한 마음을 가다듬었다

햇빛 속의 쟁기질

눈 뜨면 코로나19 집단 감염 소식들
그 어두운 편지를 읽으며 마을 뒷산에 올라갔다

벌써 산도화 꽃봉오리들 반짝, 눈 뜨기 시작했고
잿빛 꽁지를 단 박새 한 마리
어디선가 깃털처럼 포르르 날아와
분홍빛 꽃잎에 부리를 이리저리 비벼댔다

겨우내 어둠의 둑에 갇혀 있던 빛의 물살이
검은 장막을 터뜨리고 산 아래의 금호강변으로
콸콸콸 흘러가는 소리
봄은 어김없이 다가오고 있었다

아, 죽음의 그림자가 드리운 저 도시
그 너머 봄빛에 불타고 있는 야생의 푸른 들판
그곳에서 온종일 햇볕을 가득 쬐며
황소처럼 콧숨을 내쉬며 쟁기질하고 싶었다

불고기 철학

생고기를 굽는다
야성의 살점들이 뜨거운 불판 위에서
부드럽게 숨을 죽인다
생살에서 스며 나오는 거친 아우성도
불판 위에선 산들바람처럼 낮게 깔린다

오늘도 세상은 날고기들의 천지
날씨氏들의 무리가 온통 생짜를 부리며
빛을 뒤틀어 버린다
저마다 질겅질겅 생고기를 입에 물고
날것이 판을 치는 어둠 속
'날'의 배아들이 무한 복제되고 있다

미혹의 생살로 물컹대는 이 시대
잘 익은 진실 한 점 입에 넣어 보고 싶다
비린내 물씬 풍기는 이 날씨氏 하늘 아래
모든 강짜들이 영혼의 불판에 굽혀서
부드럽게 씹히는 것을 보고 싶다

지글지글 익어가는 생고기
타오르는 숯불에 세상의 사나움도 숨죽이고
잘 구운 고기 한 점에 가볍게 목례하며
다시 입안으로 천천히 넣어 본다

고흐의 신발

산비탈 밭에서 고구마를 캐던 아버지는
해거름이 돼서야 집으로 돌아왔다
막내아들이 신던 낡은 등산화에는
덕지덕지 황토가 묻어 있었다
좀체 말이 없던 아버지
실밥이 터진 신발 뒤축의 틈새로
마음속 깊은 말인 듯 한숨이 조금 새어 나왔다
헝클어진 고구마 넝쿨처럼
아무렇게나 풀어진 신발끈
방에서는 가끔 밭은기침 소리가 들려왔다
몇 해 전이던가
갑자기 쓰러진 어머니는 요양원에 누워 있고
그때부터 아버지의 등은 더욱 휘기 시작했다
조금씩 어스름이 내리는 앞마당
멍석 위엔 아직도 털지 못한 햇살 몇 점이
시간의 모서리에 물방울같이 붙어 있고
댓돌 위의 흙투성이 신발코엔
고추잠자리 한 마리가 사뿐 앉아 있었다

참을 수 없는 어둠의 가벼움

어둠의 몸을 어루만지는 동안
내 몸도 깃털처럼 가벼워짐을 느꼈다
어둠은 부피보다 중량
언제나 맨 밑에 가라앉아 몸을 웅크린 채
빛을 노려보고 있는 것인데
유레카, 하며 외치고 싶도록
물 위에 가볍게 떠오르는 것이 이상하다
빛의 부력을 흉내 내는 어둠
지금 세상은 온통 수면에 떠오른
빛의 치장을 한 어둠의 자식들로 번쩍인다
어둠이 이렇게 찬란하고 가볍다니
어둠이 이렇게 눈부시고 당당하다니
그 빛이 너무 밝아 눈을 제대로 뜰 수 없다
오늘도 날은 저물어가고
거리마다 튀어 오르는 불꽃송이들
그마저도 빛을 흉내 낸 어둠의 부력인가
하고, 눈을 거듭 비벼 본다

■ 해설

깊은 곳에서 울려오는 강의 숨소리
– 이진엽의 시세계

유성호(문학평론가·한양대 교수)

1. '대상-시간-내면'이라는 트라이앵글

이진엽 시인의 다섯 번째 시집 『그 강변의 발자국』은 세계와 내면을 견고하게 결속하면서 펼쳐낸 생의 청명한 화음和音이자 무채색의 도록圖錄이라고 할 수 있다. 시인은 "스쳐가는 시간 속에서 잠깐 포착한 대상들과 내적 대화를 나눈"(「시인의 말」) 결과라고 이번 시집을 규정했는데, 이제 등단 30년을 맞은 중진 시인으로서 '대상-시간-내면'이라는 트라이앵글을 자신의 시적 구도構圖로 확연하게 삼아간 것을 고백한 셈이다. 그러한 구도가 이번 시집으로 하여금 이진엽만의 인생론적 진실을 구축해주는 원형이 되게끔 해준 것이다. 그런가 하면 시인은 인상적인 순간순간에 대한 기억의 현상학에 매진하면서도 그 순간들이 어떤 궁극적 의미를 견지하는지를 궁구하고 진지하게 질문해간다. 때로 그것은 단아한 아포리즘으로 구현되기도 하고, 때로 사물의 표면을 뚫고 들어가 가장 신성한 존재에 대한 탐구 과정으로 이어져가기도 한다. 단순하고도 표면적인 실험 의지를 넘어 가장 근원적인 생의 형식을 되묻는 그의 시편은 그래서 감각의 선명함과 함께 대상과 내면을 잇는 과정에 의해 구체적 육체를 얻어간다. 따라서 우리는 이번 시집을 통해 한결 미덥고 성숙한 시인의 시선과 목소리를 만나게 되고, 이진엽 버전의 생生철학을 환하게 듣게 되는 것이다. 이제 그 유니크한 세계 안으로 한 걸음씩 천천히 들어가 보도록 하자.

2. 내면의 펄럭임을 담은 마음의 경전經典

주지하듯, 시간은 하나의 유장한 흐름으로 경험되고 기억되게 마련이다. 하지만 시간의 흐름은 그 자체로 객관적인 실재가 아니라 마음의 움직임이 만들어내는 은유적 형상일 뿐이다. 우리는 언제나 시간이라는 개념을 분절하여 과거에서 현재로 또 현재에서 미래로 흘러간다는 일종의 형상적 은유를 활용하고 있지 않은가. 그래서 우리는 시간을 물리적 실재가 아닌 사후적 흔적을 통해 인지할 수 있게 되고, 시간은 사람마다 전혀 다른 경험 속에서 재구성되는 이미지로 현상하게 된다. 말할 것도 없이 우리가 쓰고 읽는 서정시는 이러한 시간 경험을 담아내는 양식적 본령을 가지고 있다. 미래를 노래하거나 아예 시간을 초월하려 할지라도 그러한 움직임 또한 시간에 대한 가치 판단일 수밖에 없을 것이기 때문이다. 그 점에서 서정시는 시간에 대한 경험과 기억을 재구성하는 양식적 특성을 지닌다. 이처럼 서정시와 시간은 분리 불가능한 상호 원질이고, 서정시의 원형은 시간의 흐름을 통해 전해져오는 내면의 목소리를 통해 구체화된다. 이때 시인은 자신의 내면을 직정적으로 토로하기보다는 뭇 대상들을 환기하면서 내면을 암유적으로 고백하는 작법을 취하게 된다. 이진엽의 시에서 가장 중요한 내면 고백의 형상은 이러한 시간의 흐름을 담은 채 '깃발'이라는 원형으로 가장 먼저 찾아온다.

> 바람이 불 때마다 네 몸은 헝클어진다
> 시작도 끝도 없는 저 허공

너는 수없이 머리를 고요에 부딪친다

오직 몸으로만 울어야 하는 너

펄럭펄럭, 이것이 네 몸의 말이다

먼 하늘로 새가 되어 날고 싶어

너는 오늘도 숨 가쁘게 날갯짓을 하고 있다

날아라, 새여

팽팽한 줄 하나가 네 온몸을 당길지라도

아득한 창공에 피멍 든 머리를 부딪치며

생의 불꽃을 터뜨려 주어라

너, 살아 있음의 그 뜨거운 순간을

시퍼런 흔들림으로 증언해 주어라

-「너의 절규 - 깃발」전문

  이 작품은 시인의 내면이 복합적 에너지를 품은 채 움직이고 있다는 점을 투명하게 들려주는 명편이다. '바람'의 작용에 의해 스스로의 존재를 증명하는 '깃발'의 시학은 이미 청마靑馬의 저 유명한 시편에 선행되었지만, 이진엽의 시편은 그 "소리 없는 아우성"에 또 하나의 차원을 얹음으로써 깃발의 펄럭임과 멈춤, 비상의 의지와 좌절 과정을 밀도 있는 감각으로 그려낸다. '너'라는 2인칭의 '절규'로 표상된 깃발의 움직임은, 비록 바람이 불어 헝클어진 몸으로 묘사되지만, 허공의 고요에 머리를 부딪치는 끝없는 과정으로 비쳐지기도 한다. 이처럼 '바람'과 '허공'과 '고요' 속에서 "오직 몸으로만 울어야 하는" 깃발은 "펄럭펄럭"이라는 "몸의 말"을 건네면서 자신만이 가진 비상의 의지를 숨 가쁜 날갯짓으로 보여주고 있다. 이때 비상을 재촉하는 '새'라는 상관물은 창공을 향해 "피명든 머리를 부딪치며/ 생의 불꽃을 터뜨려"가는 형상으로 다가오는데 그 '불꽃'이야말로 살아 있음을 증명하는 유일한 실존적 방식이기 때문일 것이다. 그렇게 이진엽 시인은 깃발의 운명과 의지에서 "뜨거운 순간"과 "시퍼런 흔들림"이라는 원형적 에너지를 바라보면서 "생의 불꽃을 파열음으로 터뜨리는"(「뜨거운 까치소리」) 생명력과 "생의 완강한 몸짓으로/ 마지막 숨결까지"(「고드름」) 보여주는 사물감感을 동시에 보여준다. 앞으로 이진엽의 시가 아득하고 창망滄茫한 목소리로 펼쳐져갈 것을 예감케 해주는 역동적 시편인 셈이다. 다음은 어떠한가.

> 부들개지 웃자란 호숫가
> 백로 한 마리 외롭게 서 있었다
> 내가 둘레길을 몇 차례 도는 동안
> 미동조차 하지 않은 채 서 있었다

고요와 기다림

가만히 살펴보니 먹이를 찾는 게 아니라

물의 경전을 읽는 중이었다

배고픈 자들만이 읽을 수 있는

저 물주름진 비밀의 경전

이윽고 말씀 가라앉은 수면 아래를

긴 부리로 콱, 하며 내리찍자

참붕어 한 점이 오자誤字처럼 찍혀 나왔다

순간, 수만 개의 글자들이

와르르 파문을 내며 무너지고

호수 저쪽까지 은빛 두루마리가 펼쳐졌다

세상에서 가장 아름다운

생의 숨결이 배인 경전같이 느껴졌다

- 「물의 경전」 전문

    이번에는 잔잔하고도 투명한 '물'의 속성이 '경전 經典'이라는 비유의 심층을 얻고 있다. 호숫가에 외로이 서 있는 한 마리 백로의 오랜 "고요와 기다림"을 바라보던 시인은 미동조차 없는 그 경건한 직립 형상이 "물의 경전을 읽는 중"이었음을 알아간다. 백로가 읽고 있던 "저 물주름진 비밀의 경전"은 과연 무엇이었을까. 백로는 수면 아래로 가라앉은 '말씀'을 내리

찍어 참붕어 한 점을 "오자誤字처럼" 날쌔게 잡아 올리는데 그러니 '물의 경전'은 배고픈 자만이 읽을 수 있었던 어떤 욕망을 암시한다. 그때 수많은 글자들이 파문을 내며 무너져 내리고 호수 저쪽까지 펼쳐진 "은빛 두루마리"는 자연을 "세상에서 가장 아름다운/ 생의 숨결이 배인 경전"으로 만들어준다. 이처럼 경전을 발견하고 마음속에 담아두는 순간은 그 자체로 마음의 '경전耕田' 과정이기도 할 것이다. 그렇게 이진엽 시인은 "반짝반짝 빛으로 짠 결무늬"(「물의 살갗」)를 통해 그 아래 가라앉은 말씀의 원형이 "분명 우주의 고요한 근원"(「물의 이데아」)임을 노래해간다. 결국 그의 시는 내면의 펄럭임을 충실하고도 예각적으로 담은 마음의 경전이었던 셈이다.

  이진엽 시인은 삶의 근원에 존재하는 어떤 가치를 만나 그것을 사유하고 또 펼쳐가려는 남다른 의지를 통해 우리의 삶이 불가피하게 가질 수밖에 없는 보편적 지향점들을 선명하게 보여준다. 이때 '깃발'과 '경전'의 이미지는 시인이 경험하고 발견한 원형적 세계를 암시적으로 드러내면서, 시인 자신의 미학적 상상력을 한껏 첨예하게 보여준다 할 것이다. 시인은 모든 존재자의 발원지이자 귀속처로서의 시공간을 통해 시인은 자신만의 지성적이고 정서적인 질서를 구축해간다. 그러한 질서의 구체성을 통해 내면의 펄럭임을 담은 마음의 경전을 섬세하게 그려간 것이다.

3. 이팝꽃과 신발, 존재론적 기원의 표상

다음으로 우리는 이진엽 시의 존재론적 기원origin이라 할 수 있는 시간의 흔적들을 만날 수 있다. 그 기원이란 그의 존재를 가능하게 해주었고 지금도 그가 시를 길어올리는 원형적 거소居所일 것이다. 우리는 시인이 끊임없이 자신의 기원으로 거슬려 올라가려는 열망과 만나게 되는데, 그 대상은 삶의 가장 원형적인 상像이 녹아 있는 부모님의 형상이다. 결국 시인은 그러한 과정을 통해 삶과 죽음, 생성과 소멸이라는 시간의 흐름을 경험하고, 나아가 우리의 존재를 규정하는 경계들을 해체하고 재구성하는 시선을 보여준다. 또한 그것은 이성의 규율에 대한 저항의 가능성을 담으면서 우리의 삶에 숨 쉴 틈을 내는 신생의 작업을 가능케 하는 원천으로 작용하게 된다. 그러한 작업을 통해 우리는 경계를 지워가는 감각의 전회 과정을 풍부하게 경험하면서, 이진엽 시에 잠복된 시간의 흐름과 미학적으로 조우하게 된다. 그 점에서 이진엽 시학의 섬세한 지류支流들은 한결같이 이러한 수원水源을 향해 모여들고 다시 그곳에서 여러 줄기를 뻗어간다고 할 수 있을 것이다.

> 햇살 총총한 곳에 이팝나무가 눈부시다
>
> 불쑥, 기억의 한 끝에서 나타난 어머니
> 쪽진 머릿결에 동백기름이 빛났다
>
> 얇은 새털구름 햇빛을 잠시 가리자
> 구수하게 뜸 들여지는 하얀 이팝꽃잎들
> 그 따뜻한 꽃잎 사발에 가득 담아
> 어머니는 소반에 올려 천천히 내게로 걸어왔다
>
> 봄빛, 찰랑대는 오후의 푸른 숲속
> 모자母子가 마주 앉아 말없이 웃으며
> 수저를 부딪치는 맑고 달큼한 소리
> 아삭아삭 흰 꽃잎 씹는 고운 입방아소리
>
> 봄은 그렇게
> 내 가슴 깊은 곳에서 흔들리고 있었다
>
> —「이팝꽃 필 무렵」전문

햇살과 함께 눈부시게 서 있는 이팝나무는 "기억의 한 끝에서 나타난 어머니"를 환기한다. "쪽진 머릿결"과 "동백기름"의 빛이 어머니에 대한 묘사라면, 소반을 마주하고 말없이 웃으면서 수저를 부딪치던 기억은 어머니가 품고 계신 서사라고 할 수 있다. 물론 그러한 서사는 "얇은 새털구름" 아래서 어머니가 따뜻하고 하얀 이팝꽃잎을 사발에 담아 소반에 올려 걸어오시는 환각을 통해 이루어진 것이다. 봄빛 가득 찰랑이는 숲속에서 마주 앉은 어머니와 아들이 내는 "아삭아삭 흰 꽃잎 씹는 고운 입방아소리"는 "가슴 깊은 곳에서 흔들리고" 있는 봄빛의 순간을 담아내면서 시인 자신의 기원이기도 할 어머니를 이팝꽃 필 무렵으로 소환한다. 이러한 선연한 회억回憶을 담은 이진엽의 가편佳篇은 우리로 하여금 생의 아름다움과 그 소멸 과정에 대한 그리움을 동시에 선사해준다. 그리고 그 순간은, 비록 "잊혀간다는 것은/ 그리움 하나쯤은 아스라한 곳에 남기고/ 사라진다는 것"(「망각」)일지라도 그 그리움의 힘으로 "인장印章처럼 나의 한 순간을"(「아름다운 만남」) 되새기는 미학적 차원으로 천천히 몸을 바꾸어가게 된다.

    산비탈 밭에서 고구마를 캐던 아버지는

해거름이 돼서야 집으로 돌아왔다

막내아들이 신던 낡은 등산화에는

덕지덕지 황토가 묻어 있었다

좀체 말이 없던 아버지

실밥이 터진 신발 뒤축의 틈새로

마음속 깊은 말인 듯 한숨이 조금 새어 나왔다

헝클어진 고구마 넝쿨처럼

아무렇게나 풀어진 신발끈

방에서는 가끔 밭은기침 소리가 들려왔다

몇 해 전이던가

갑자기 쓰러진 어머니는 요양원에 누워 있고

그때부터 아버지의 등은 더욱 휘기 시작했다

조금씩 어스름이 내리는 앞마당

멍석 위엔 아직도 털지 못한 햇살 몇 점이

시간의 모서리에 물방울같이 붙어 있고

댓돌 위의 흙투성이 신발코엔

고추잠자리 한 마리가 사뿐 앉아 있었다

−「고흐의 신발」전문

  이번에는 시인의 기억 속으로 "산비탈 밭에서 고구마를 캐던 아버지"가 등장하신다. 좀체 말이 없으셨던 아버지는 막내아들의 낡은 등산화를 신으시고 해거름 때에야 귀가하시곤 했다. 낡은 신발에는 황토가 제법 많이 묻어 있었고, 실밥 터진 신발 뒤축 틈새로 "마음속 깊은 말"처럼 새어 나오던 한숨은 오래전 아버지를 지탱하던 어떤 순간과 어느새 한 몸을 이룬다. 고구마 넝쿨처럼 풀어진 신발끈과 방에서 들려오던 "밭은기침 소리"는 아버지 생애의 한순간을 점묘하는 쇠잔과 소멸의 이미지였을 것이다. 어머니가 갑자기 쓰러지시자 아버지의 등은 더욱 휘어갔고, 햇살 몇 점도 어스름 내리는 앞마당 멍석 위에 잔설처럼 남아 있게 되었다. 시인의 눈에는 아직도 댓돌 위 흙투성이 신발이 보이는데, 이제 노동의 고단함보다는 고추잠자리만이 그 위에 한적하게 있을 뿐이다. 이진엽 시인은 이러한 아버지의 낡은 신발을 두고 '고흐의 신발'이라는 제목을 붙였다. 아마도 이 시편의 시상詩想과 유사한 그림을 고흐가 그렸기 때문일 것이다. 고흐V. van Gogh는 해진 실밥, 묶이지 않은 끈, 낡은 가죽의 신발을 통해 고단한 노동과 누군가의 생 전체를 환유하는 명화를 여럿 남겼다. 그러고 보면 '신발'만큼 삶을 생생한 시간의 형태로 보여주는 것이 어디 있던가. 그 안에는 "내 마음 깊숙이 감춰둔/ 유년의 풍경화를 들춰내는 저 설레는 소리"(「소리에 열리다」)도 흐르고 있을 것이다. 이진엽 시인은 스스로의 "생을 흔드는 알 수 없는 힘"(「깊은 호수를 읽다」) 앞에서 자신을 발견하면서 "그 뿌리에서 생의 울림이 가득 쏟아져"(「고구마, 몸을 열다」) 나오는 것을 그러한 기억의 힘으로 경험하고 있는 것이다.

원초적으로 서정시는 시인 스스로 살아온 시간의 결을 회상하고 성찰하는 기억 작용을 강하게 활용하는 언어예술이다. 우리가 서정시의 창작 동기를 나르시시즘의 원리에서 종종 찾는 이유도 거기 있을 것이다. 이처럼 서정시의 가장 중요하고도 원초적인 기억의 욕망은 한편으로 자신의 안쪽으로 몰입하려는 지향으로 나타나기도 하고, 다른 한편으로 다양한 사물들을 향해 확장해가려는 외연적 힘으로 번져가기도 한다. 이진엽 시인은 자신의 삶에 만만찮은 무게로 주어졌던 기원의 흔적에 대한 남다른 기억을 '이팝꽃'과 '신발'의 형상으로 토로하면서, 그때 그곳으로 돌아가 환희와 상처의 흔적을 동시에 노래한다. 아름답고 애잔하고 융융한 이진엽의 치유 시학이 아닐 수 없다.

4. '시인'으로서 가지는 예술적 자의식

서정시는 대상과의 깊은 교감 속에서 씌어지며 사

물과 거의 등량^{等量}의 몫으로 내면적 진실을 발견해가는 지혜를 담아가게 된다. 그러나 가끔씩 서정시 자체에 대하여 메타적으로 귀일해 보려는 시인들의 욕망이 자주 그 안에 착색되기도 한다. 특별히 이진엽 시인은 시간과 내면과 대상을 이어주는 자신의 시적 진실에 대한 성찰적 시선을 비중 있게 담아낸다. 아닌 게 아니라 그의 작품에는 '시^詩'를 향한 시인으로서의 예술적 자의식이 퍽 많이 담겨 있는데, 어쩌면 그러한 마음과 혜안이 그의 작품에 든든한 품격과 위상을 부여하고 있는지도 모를 일이다. 그때 우리는 '시인 이진엽'의 진면목을 다시 한 번 만나게 된다.

> 바람이 세차게 불어도
> 까치집은 결코 떨어지지 않는다
>
> 흔들릴수록 오히려
> 까치집은 더욱 완강히 나무와 하나가 된다
>
> 얼기설기 걸쳐 놓은 둥지가 아니라
> 마른 가지 하나씩 단단히 엮어 넣고
> 밀고 당겨 놓은 저 팽팽한 꿈의 집
> 미루나무 맨 꼭대기에서 반짝, 빛난다

시를 쓴다, 오늘도

그러나 바람 한 줄기 드세게 스치자

내 언어의 집은 이내 땅으로 곤두박질쳐 버린다

다시 끼어 맞출까 새로 집을 지을까

고민하던 그 순간

까즈까즈 까작까작

시의 행간 여기저기에서 메아리처럼 울리며

까치소리가 들려온다

―「시와 까치집」전문

  시인은 세찬 바람에도 떨어지지 않는 '까치집'을 자신이 써가는 '시'의 대조적 상관물로 불러온다. 까치집은 바람에 흔들릴수록 더 완강하게 나무와 하나가 되어가는 단단한 건축물이다. 까치는 오랫동안 마른 가지들을 하나씩 단단히 엮어 "저 팽팽한 꿈의 집"을 마련한 것이고, 그 노동의 빛으로 까치집은 미루나무 꼭대기에서 견고하고 아름다운 존재를 보여준다. 그런데 시인이 써가는 "언어의 집"은 바람 한 줄기에도 무너져 내리는 속성을 가지고 있다. 재건해 볼까 새로 지어 볼까 고민하던 순간 들려온 까치 울음소리는 "시의 행간 여기저기에서 메아리처럼 울리며" 시인의 마음속으로 다가온다. 하지만 우리는 "언어의 집"과 '까치집'이 비록 연약함과 강인함의 대조를 보인다고 하더라도, 그 둘이 "생의 밀어密語들이 풀씨처럼 쏟아"(「칫솔의 꿈」)지는 순간을 담은 이형동체異形同體임을 깨닫는다. 그 안에는 "신비한 음향으로 웅얼대는 소리"(「깊은 숲 자작나무」)가 흐르고 있고 "산기슭 적막을 푸른 덧니로 물어뜯는/ 야생초들의 거친 숨소리"(「봄, 뜨거운 울림」)가 동시에 새어 나오지 않는가. 그리고 다음 작품에는 더욱 강렬하고 유니크한 '시'의 등가적 형상이 아름답게 펼쳐지고 있지 않은가.

> 한여름의 뙤약볕이 내리쬐는 바닷가
> 뜨겁게 달구어진 조약돌 하나를
> 손바닥에 올려놓고 몇 번 쓰다듬었다
> 수억 년의 침묵 속에 갇혀 있던 돌
> 서서히 핏기가 돌고 맥박이 뛰기 시작했다
> 찌릿찌릿 살갗으로 파고드는 돌의 말들
> 내 온몸으로 번지며 시간의 깊은 비밀을
> 부황을 뜨듯 여기저기 찍어 주었다
> 그 붉은 자국에서

아련히 들려오는 태고의 바람소리

쥐라기의 별빛도 가득 묻어 나왔다

돌 하나, 그 속살에 다지고 다져진

이 아름답고 신비한 대자연의 이야기들

손바닥 위에서 푸우, 하고 숨을 내쉬며

긴 잠에서 깨어나 꽃씨처럼 터뜨려졌다

- 「잠깨는 돌」 전문

  한여름 뙤약볕이 내리쬐는 해변에서 시인은 "뜨겁게 달구어진 조약돌"을 주워 손바닥에 올려놓고 쓰다듬는다. 수억 년 침묵에 갇혀 있던 돌에 서서히 핏기가 돌고 맥박이 뛰기 시작한 것은 전적으로 시인의 손길이 부여한 생기 덕이었을 것이다. 시인은 돌의 상상적 소성蘇醒 과정을 통해 "살갗으로 파고드는 돌의 말"을 듣는다. 이때 온몸으로 번지면서 "시간의 깊은 비밀"을 전해주는 돌의 말은 시원始原에서 들려오는 신성한 말과 등가적 몫을 거느린다. 신성의 적소謫所처럼 "태고의 바람소리"와 "쥐라기의 별빛"이 함께 묻어 나오는 돌의 온기 속에서 시인은 "아름답고 신비한 대자연의 이야기"를 상상해 본다. 이처럼 시인의 손바닥 위에서 비로소 숨을 내쉬며 깨어난 돌이 스스로의 말을 꽃씨처럼 터뜨리는 장면이야말로 오랜 침묵을 뚫고 잠을 깬 '시인'의 실존적 형상으로서 모자람이 없을 것이다. 그러니 '잠깨는 돌'은 우리에게 "발가벗은 생의 문체"(「가을 문법」)를 그대로 전해주고 "감춰둔 깊은 말들이/ 따스한 팥앙금처럼"(「세한도 안으로」) 다가와 가장 신선하고 청정한 음역音域을 건네는 '시인'의 은유적 표상으로 찾아온 것이 아니겠는가.

결국 이진엽 시인은 '까치집'이나 '돌' 같은 자연 사물을 통해 시가 실존의 예술이며 불가항력적인 존재론적 숨결임을 힘주어 고백해간다. 그리고 '말'을 통해 자신을 미학적으로 완성하는 '시쓰기'야말로 양도할 수 없는 자신의 존재 방식이라고 노래한다. 이번 시집에서 시인은 이처럼 서정시가 구현하는 시간예술로서의 속성을 한껏 충족하면서 자신만의 기억을 통해 사람살이의 깊고 오랜 근원을 유추하고 있는 것이다. 나아가 기억이라는 것이 서정시의 핵심 기율이라는 것을 입증함으로써, 자신을 가능케 한 '시'라는 예술을 깊게 사유해간다. 그래서 우리는 그가 성찰적 거울로서 시를 써가는 존재임을 알 수 있다. 빼어난 시인으로서의 자의식이 거기 농울치고 있을 것이다.

5. 구심과 원심의 균형을 통한 시적 확장성

나아가 이진엽 시인은 존재자의 생멸 과정에 대해 또는 그것의 순환성에 대해 집중적으로 사유한다. 말하자면 개화의 아름다움과 낙화의 오롯한 쓸쓸함을 동시에 포착하면서 삶의 근원적 속성에 대해 표현해가는 것이다. 이는 서정시가 인간 존재를 이성적으로만 보여주는 것이 아니라 현재형의 감각을 통해서도 파악해가는 예술임을 보여주는 실례일 것이다. 그 점에서 시인의 언어는 스스로의 기원을 탐구하는 구심력과 세계를 확장해가려는 원심력 사이의 균형을 아스라하게 취해간다. 특별히 그는 경북 구미 출신으로 오랫동안 대구 근역에서 활동해왔는데, 그곳은 신라의 흔적으로부터 시작하여 확장성을 갖춘 소우주小宇宙로서 이미 그의 시에 들어와 있다. 가령 "지역적으로 사유하고 지구적으로 실천하라"는 유명한 말은 이진엽 시학에 가장 맞춤하게 들어맞는다.

> 수많은 고분이 다도해처럼 펼쳐진
> 야트막한 구릉 위에 가을이 저물고 있었다
>
> 두 팔을 뻗치자 신라인들의 숨소리가

갓 구운 토기마냥 손끝에 따스하게 잡혔다

남쪽 하늘엔 상현달 하나

저 달의 하얀 살점을 떼어 곱게 다듬어서
징 하나 만들어 밤새 두드리면
천 년의 깊은 잠에서 신라인들이 깨어날까

불현듯 소슬바람이 차갑게 스쳐갔다
그 바람결에 도솔가 한 소절이 실려와
고인들과 내가 너울너울 춤추기 시작했다

아, 이 가을 이렇게 많은 신라인들을
조각달 비추는 고분의 섬에서 만나다니

서로 손을 맞잡거나 부둥켜안은 채
아아라이 사뇌가를 함께 부르니
저녁 달빛이 어깨에 비단처럼 감기고 있었다
  -「신라인들과 춤추다 - 불로동 고분군」 전문

 시인은 대구에 소재한 삼국시대의 고분군古墳群을 찾아 그 안에 잠들었을 신라인과 춤을 추는 환상을 그려 본다. 다도해처럼 늘어선 고분들을 찾아가 야트막한 가을 구릉丘陵에서 신라인들의 숨소리를 들은 것이다. 이 또한 '잠깨는 돌'처럼 시인이 건넨 손길에 전해져온 신라인들의 따스한 숨소리였을 것이다. 날이 저물자 시인은 상현달 살점을 떼어 징 하나를 만드는 상상을 해본다. 밤새 징을 두드리면서 천 년 잠에서 깨어난 신라인들이 "도솔가 한 소절"을 부르고 시인은 그들과 너울너울 춤추는 상상이 이어진다. 수많은 신라인들을 만나 서로 손잡고 부둥켜안으며 사뇌가를 함께 부르니 그 환상은 어느새 치명적인 예술적 도약을 하게 된다. 가을 저녁 달빛이 비단처럼 어깨에 감기는 날, 신라인들과 이렇게 춤을 춘 것은 그러한 도약을 가능하게 한 탁월한 예술적 발상이었던 셈이다. 그러한 과정을 통해 우리도 "보이는 것의 저너머/ 보이지 않는 영원한 것이 있음"(「안경 2」)을 알아가게 되지 않는가. 이렇게 이진엽 시인은 고분들에서 '신라'라는 오래된 실재를 떼어와 '지금-여기'에서의 신명나는 활력으로 바꾸어놓는다.

> 저물녘 금호강 둑길을 거닐며
> 강의 마음을 잠시 훔쳐보았네
> 푸르른 강의 숨결 한 조각 떼어내어

내 가슴에 풀잎처럼 붙여 보았네

깊은 곳에서 울려오는 강의 숨소리

내 심장이 뛸 때마다 맑은 음표로 흩날렸네

노을이 짙게 물들자 금빛 물결들

서로의 살갗을 부싯돌같이 부딪치며

불꽃을 일으키며 타오르고

억세지만 순박한 분지의 사람들

그 눈물과 웃음소리도 물보라로 부서져 내렸네

어디론가 흘러가는 저녁강

흰 구름 작은 등에 달이 또 업혀가듯

우리들 젖은 수첩을 물수레에 모두 실은 채

강물은 시간 저쪽으로 떠나가고 있었네

먼 훗날 어느 때

누군가 이 둑길을 홀로 거닐지면

저 강에 깊이 잠긴 한 시대의 술잔과 고뇌를

다시 한 두레박 건져 올려 보겠지

그러고는 자박자박

화석처럼 눌어붙은 내 부서진 발자국 소리를

뜨거운 호미로 캐어 가슴에 담아 보겠지

— 「그 강변의 발자국」 전문

시집 표제작인 이 아름다운 시편은 "저물녘 금호

강 둑길"에서 잠시 훔쳐본 "강의 마음"에 관한 내밀한 기록이다. 시인은 "푸르른 강의 숨결 한 조각"을 떼어 가슴에 붙여 본다. "깊은 곳에서 울려오는 강의 숨소리"는 그야말로 '돌의 말'이고 '신라인들의 노래'이며 자연 사물이 들려주는 가장 근원적인 '침묵의 소리sound of silence'이기도 할 것이다. 심장이 거칠게 뛸 때마다 맑은 음표로 흩날리던 그 소리들은 노을이 물들자 "금빛 물결들"처럼 불꽃을 일으키며 타오른다. 함께 살아온 "억세지만 순박한 분지의 사람들"의 눈물과 웃음소리가 들려올 때 시인은 오랜 시간의 흐름을 따라 흘러갈 저녁강에 '지금-여기'의 "술잔과 고뇌"도 잠겨갈 것을 상상해 본다. 오랜 시간 후 지금 자신이 남긴 발자국 소리도 화석으로 남아 후대인들의 가슴에 남을 것이라고 생각하면서 시인은 '그 강변의 발자국'이 마치 고분들처럼 투명한 흔적으로 다가오고 있음을 예감하고 있는 것이다. 강변의 발자국은 그렇게 때로는 "그리움을 공중에 부리로 그리며"(「연필 깎기」) 때로는 "싱그럽게 묻어 나오는 봄의 전류"(「초록 눈물」)처럼 우리의 몸 안에 항구적으로 남아 있을 것이다.

  결국 이진엽의 시는 또렷하고 심미적인 시인의 기억에 의해 조직되고 구성되어간 예술적 기록이다. 오랜 시간 시인 나름의 아름다운 기억을 선명한 이미지로 환치하는 작법이 여기서 비롯하였을 것이다. 이는 시인 자신이 겪어온 시간에 대한 미학적 헌사이자, 상실감과 균열을 벗어나 충만한 현재형으로 그것을 변형해가려는 시인의 의지가 반영된 결과이기도 할 것이다. 고독하고 서늘하게 살아온 시인 자신의 삶에 역동적 상상의 파동을 개입시키면서 나아간 그 예술적 균형과 확장성에 깊은 경의를 드리고자 한다.

6. 근원적 성찰의 시간을 담아서

지금까지 우리가 읽어왔듯이, 이진엽의 다섯 번째 시집 『그 강변의 발자국』은 명료한 의미에 머무르지 않고 다양하기 이를 데 없는 해석 체계에 스스로를 놓아둔다. 말하자면 그 의미는 어떤 매뉴얼처럼 정연하게 정리되거나 수학 공식처럼 어떤 정답으로 귀일하지 않는다. 비교적 흐름이 안정되어 있고 난해성과는 일정하게 거리를 두고 있다 할지라도, 그의 시는 의미 해석의 구심력과 원심력을 동시에 균형 있게 견지하기 때문이다. 최근 우리 시단에 낯설고 어려운 언어를 도입하는 시편이 많아졌고 이를 통해 미학적 확충을 도모하려는 노력이 빈번하게 나타나고 있다는 점에서, 우리는 이진엽의 시가 가지는 이러한 균형을 든든하고 은은하게 수납하고 기리게 된다.

  결과적으로 이진엽의 시는 기억의 원리에 충실하면서 그것이 서정시의 불가피한 존재증명 과정임을 증언한 예술적 집성集成으로 남을 것이다. 난해성이나 장광설을 반영하기보다는 기억에 깃들인 대상들을 재현하면서 그것을 사랑의 에너지로 다독여간 그의 시는 우리에게 지극한 위안과 성찰의 시간을 허락하지 않을까 한다. 독자들은 그의 시를 통해 존재론적 소외를 견디고 스스로의 삶을 돌아볼 수 있을 것이다. 이제 우리는, 근원적 성찰의 시간을 담아 출간되는 이번 시집을 더없이 축하드리면서, 깊은 곳에서 울려오는 강의 숨소리를 소중하게 간직하면서, 이진엽 시인이 더욱 심미적인 언어로써 서정시의 미학적 차원을 아름답게 개척해가기를 희원해 본다.